오래전 한강의 너른 들판에서 백제가 일어났어요.

크고 힘센 나라였던 백제는 시간이 흐르면서

고구려와 신라에 땅을 빼앗기고 한강 남쪽으로 내려갔어요.

백제가 빼앗긴 땅을 되찾기 위해 힘을 기르던 때,

산에서 마를 캐던 백제의 젊은이가

노래 한 자락으로 신라의 공주를 아내로 얻었어요.

그 젊은이는 바로 스러져 가던 백제를 다시 일으켜 세운

백제의 서른 번째 임금 무왕이에요.

서동과 선화공주

글쓴이 이흔

오랫동안 어린이 책 출판사에서 편집자로 일했습니다. 지금은 우리 역사와 문화에 관한 책을 기획하고 쓰고 있습니다. 지은 책으로『조선 선비 유길준의 세계 여행』,
『모두 우리나라야!』,『박 부자네 가훈은 대단해』,『내가 진짜 조선의 멋쟁이』,『왜 왜 왜 김치가 좋을까?』 등이 있습니다.

그린이 안은진

홍익대학교에서 회화를 공부했습니다. 1994년 대한민국 미술대전 특상을 수상했고, 영국 킹스턴대학 온라인 과정 API(advenced program in illustration)를 수료했습니다.
그린 책으로『나는 나의 주인』,『달을 찾아서』,『무엇을 탈까』,『놀라운 생태계, 거꾸로 살아가는 동물들』 등이 있습니다.

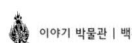
이야기 박물관 | 백제

서동과 선화공주
이흔 글 · 안은진 그림

1판 1쇄 펴냄—2013년 6월 14일, 1판 2쇄 펴냄—2013년 12월 20일
펴낸이 박상희 편집장 김은하 편집 이경민 디자인 허선정 펴낸곳 (주)비룡소 출판등록 1994. 3. 17.(제16-849호)
주소 135-887 서울시 강남구 신사동 506 강남출판문화센터 4층 전화 영업(통신판매) 02)515-2000(내선1) 팩스 02)515-2007 편집 02)3443-4318,9
홈페이지 www.bir.co.kr
ⓒ이흔, 안은진, 2013. Printed in Seoul, Korea

ISBN 978-89-491-8271-1 74810/ ISBN 978-89-491-8270-4(세트)

• **자료 제공** | 국립중앙박물관, 국립공주박물관, 국립부여박물관, 사계절
• **참고한 책** | 『한국생활사박물관 4-백제생활관』(사계절, 2001), 『어린이 박물관 백제』(웅진주니어, 2007)
• 본문에 나오는 유물 중 일부는 내용에 맞춰 실제 용도와 다르게 표현하거나, 모양을 변형해 사용했습니다. 몇몇 유물은 고대 삼한 가운데 하나로, 나중에 백제에 합쳐진 마한의 것입니다.

서동과 선화 공주

이흔 글 · 안은진 그림

비룡소

백제 왕이 사는 사비성 남쪽 연못가에 한 여인이 살았어.
여인은 연못의 용에게 시집가 아들을 하나 낳았어.
아이는 무럭무럭 자라 눈빛이 맑고 반듯한 젊은이가 되었어.
이름은 서동이야. 마를 캐는 아이라는 뜻이지.
이름처럼 서동은 마를 캐다 팔아 먹고살았단다.

서동은 날마다 산으로 마를 캐러 갔어.

하루는 꼬불꼬불 산모롱이를 돌아가는데, 우렁우렁 말소리가 들렸어.

"마를 팔러 서라벌에 갔다가 선화 공주를 보았다네.

눈망울이 초롱초롱, 볼이 복사꽃처럼 고운 게 꼭 선녀 같더군."

마 장수들이 선화 공주 이야기를 하고 있었어.
선화 공주는 신라 진평왕의 셋째 딸이래.
'선화 공주라고? 얼마나 예쁜지 한 번 보고 싶군.'
서동은 눈을 반짝였어.

서동은 산을 넘고 강을 건너 신라 땅으로 갔어.
신라 사람처럼 꾸미고, 등에는 마를 한 짐 가득 졌지.
머릿속은 이 궁리 저 궁리하느라 바빴어.
'예쁜 선화 공주가 내 각시가 되면 얼마나 좋을까?'

옳거니! 바로 그거야!

서동은 마를 파는 척하며 서라벌 거리를 돌아다녔어.
그러다가 아이들이 바글바글 노는 곳에 가서 말했지.
"얘들아, 재미난 노래 가르쳐 줄게."
서동은 노래를 따라 하는 아이들에게
고소한 마를 듬뿍듬뿍 나누어 주었어.

선화 공주는 남몰래 시집을 가서

망측하기도 하지.
공주님이 남자 방에
드나들다니.

밤이면 서동 서방을 찾아간대요

아이들은 동네방네 쏘다니며
서동이 가르쳐 준 노래를 불렀어.
노래는 너울너울 퍼져 나갔어.
아낙네들은 우물가에서 소곤소곤 깔깔깔.
남정네들은 장터에서 숙덕숙덕 와하하.

선화 공주는 남몰래 시집을 가서 밤이면 서동 서방을 찾아간대요

밤이면 서동 서방을 찾아간대요   밤이면 서동 서방을 찾아간대요

노래는 서라벌 거리를 가득가득 메우더니,
이윽고 궁궐 담장마저 훌쩍 넘었어.
노래를 들은 진평왕은 화가 나서 노발대발,
신하들은 펄쩍펄쩍 궁궐 안이 온통 난리가 났지.

저런! 선화 공주가 정말로 궁궐에서 쫓겨났네.
서동은 살금살금 선화 공주 뒤를 따라가다가
산길로 접어들 즈음 앞으로 나가 넙죽 절을 했어.
"길이 험하니 제가 모시겠습니다."

낯선 남자를 보자 선화 공주는 겁이 났어.
하지만 한편으로는 마음이 놓였지.
사방이 깜깜해진 데다 산짐승 소리도 들렸거든.
선화 공주는 서동을 따라 천천히 발걸음을 옮겼어.
믿음직스러운 서동에게 조금씩 마음이 끌렸지.

백제 땅이 가까워질 무렵,
서동이 선화 공주에게 사실을 털어놓았어.
"용서하십시오, 공주님.
저는 백제 사람 서동입니다."
선화 공주는 깜짝 놀랐어.
"그대가 그 고약한 노래를 퍼뜨렸다니!"

하지만 놀란 마음도 잠시,
서동은 볼수록 반듯하고 좋은 사람이었어.
선화 공주는 서동에게 시집가기로 마음먹었지.
어느덧 두 사람은 서동의 오두막에 다다랐어.
집은 당장 쓰러질 것처럼 낡고 초라했어.
"서방님, 이걸로 새집을 짓고 밭도 사요."
선화 공주가 금 한 덩이를 내놓으며 말했어.
"하하, 그깟 돌덩이로 무얼 산단 말이오?"
"이건 황금인걸요. 아주 귀한 보물이에요."
그러자 서동이 빙그레 웃으며 이러는 거야.
"참말이오? 내가 마를 캐던 곳에 이런 돌이 잔뜩 있다오."

과연, 서동의 말이 맞지 뭐야.
누런 금덩이가 어찌나 많은지 조그마한 산만 했단다.
둘은 신라의 진평왕에게도 금덩이를 보내기로 했어.
그런데 금덩이를 어떻게 옮겨야 할지 걱정이야.

서동은 한 스님에게 고민을 털어놓았어.
그러자 스님이 신통방통한 재주로 귀신을 불러다가
하룻밤 만에 금덩이를 신라 궁궐로 날라 주었어.
진평왕은 크게 기뻐하며 서동과 선화 공주를 아끼게 되었지.

서동과 선화 공주는 금을 팔아 가난하고 병든 사람들을 도왔어.
얼마 후, 서동은 백제의 서른 번째 임금인 무왕이 되었어.
모두 백성들의 마음을 크게 얻은 덕분이야.
선화 공주는 무왕의 아름다운 왕비가 되었어.

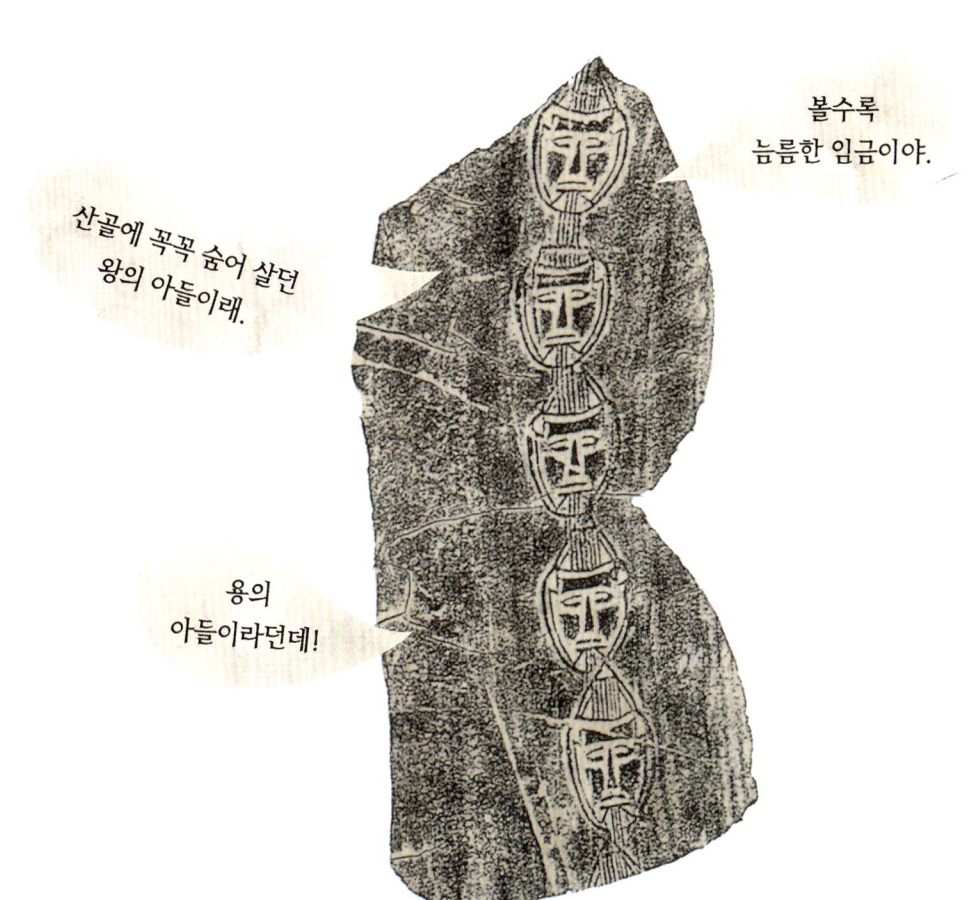

볼수록
늠름한 임금이야.

산골에 꼭꼭 숨어 살던
왕의 아들이래.

용의
아들이라던데!

어느 날 무왕과 왕비가 용화산 아래 큰 연못가를 지나는데,
물속에서 부처님이 스르르 솟아올랐어.
"아! 부처님께서 우리 백제를 보살피러 오시나 봐요."
왕비는 기뻐하며 연못이 있던 자리에
큰 절을 짓고 부처님을 모시자고 했어.

'어느 나라에도 없는 훌륭한 절을 지어야지.'
무왕은 솜씨 좋은 기술자들을 불러 모았어.
모두모두 온 마음을 다해 절을 지었지.
바윗돌을 반들반들 다듬어 높은 탑을 쌓고
찰진 흙을 조물조물 빚어 예쁜 기와도 구웠어.

마침내 위풍당당한 절이 모습을 드러냈어.
아롱다롱 무늬 벽돌이 깔린 벽과 바닥이
궁궐 못지않게 화려했어.
무왕의 입가에는 흐뭇한 미소가 걸렸지.

무왕과 왕비는 백성들과 함께 부처님께 빌었어.
"굶주리고 헐벗은 백성이 없는 나라,
아름다운 노랫소리가 울려 퍼지는 나라,
전쟁 없는 평화로운 나라를 이루어 주소서."
무왕은 그렇게 백성들을 굽어보며 나라를 잘 다스렸단다.

『서동과 선화 공주』에 나오는 유물, 유적

1. 유리 동자상
2. 용무늬 벽돌
3. 금동대향로
4. 산경치무늬 벽돌
5. 자루솥
6. 살포*
7. 굽다리 접시
8. 접시
9. 대접
10. 병
11. 뼈 단지
12. 목 단지(마한*)
13. 입 큰 단지
14. 그릇 받침
15. 뚜껑 단지
16. 세발 단지
17. 쌍단지
18. 나무 삽
19. 말 모양 장신구(마한)
20. 방추차*
21. 연꽃무늬 수막새
22. 연꽃무늬 벽돌
23. 동전 무늬 수막새
24. 풀잎 무늬 수막새

㉕ 청동으로 만든 작은 탑
㉖ 은으로 만든 관장식
㉗ 가지 모양의 칼, 칠지도
㉘ 무령왕릉을 지키는 돌짐승
㉙ 나뭇잎 모양 금장식
㉚ 꽃 모양 금장식
㉛ 금장식
㉜ 은 손잡이 유리공
㉝ 글자가 있는 용 장식 은팔찌
㉞ 금 귀걸이
㉟ 곱은옥* 유리구슬 목걸이
㊱ 남자용 변기 호자
㊲ 등잔
㊳ 장군*
㊴ 세발 토기
㊵ 검은 간 토기
㊶ 자배기*
㊷ 칼, 낫 등을 가는 데 쓰는 숫돌
㊸ 손잡이 잔
㊹ 연꽃도깨비무늬 벽돌
㊺ 두꺼비 모양 허리띠 장식
㊻ 도깨비 모양 허리띠 장식
㊼ 금으로 만든 널장식*
㊽ 사람 얼굴 무늬 기와 조각

- ㊾ 무령왕의 관장식
- ㊿ 무령왕비의 관장식
- (51) 무령왕의 목걸이
- (52) 무령왕비의 목걸이
- (53) 무령왕의 귀걸이
- (54) 무령왕비의 귀걸이
- (55) 서산 마애 삼존 불상
- (56) 「양직공도」에 그려진 백제 사신
- (57) 미륵사지 석탑
- (58) 기와 지붕 양 끝에 장식하는 치미
- (59) 금동 미륵보살 반가 사유상

살포: 논에 물꼬를 트거나 김을 맬 때 쓰는 도구.
마한: 삼국 시대 이전에 우리나라 중남부에 있었던 부족 국가 삼한 중 하나. 뒤에 백제에 합쳐졌다.
방추차: 물레로 실을 자을 때 쓰는 가락에 끼워 회전을 돕는 바퀴.
곱은옥: 초승달 모양으로 만든 장식용 옥구슬.
장군: 물, 술, 간장 따위의 액체를 담아서 옮길 때 쓰는 그릇.
자배기: 둥글넓적하고 아가리가 넓게 벌어진 그릇.
널장식: 시신을 넣는 관이나 곽 같은 널의 겉 부분을 꾸미는 쇠붙이 장식.

이야기 속에 숨어 있는 유물, 유적을 찾아보세요!

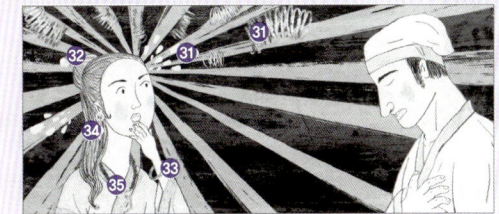

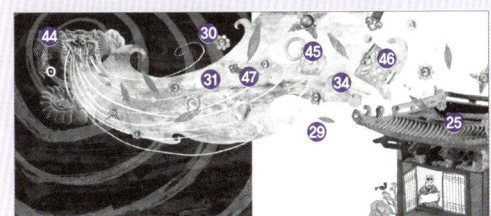
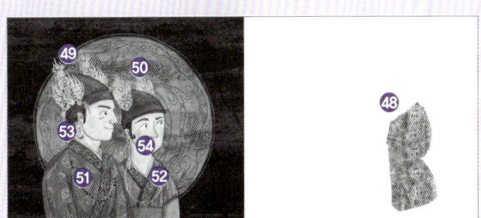

이야기 박물관 | 백제   박물관에 갈 때 들고 가세요!

서동과 선화공주

백제 사람들은 어떻게 살았을까?

_____초등학교 ____학년 ____반 ____번 이름 _____

백제 사람들은 멋쟁이!

백제 사람들은 중국의 기술을 받아들여 백제만의 멋이 담긴 여러 공예품을 만들었어요.
무령왕릉에서 나온 왕과 왕비의 장신구를 보면 화려하면서도 요란하지 않은 백제 사람들의 솜씨를 엿볼 수 있지요.

작은 유리공 위에 은장식을 달아 만든 은 손잡이 유리공이에요.
여자들이 머리를 꾸미는 데 썼어요.

무령왕비의 목걸이   무령왕의 목걸이

숯으로 심을 박은 무령왕의 목걸이와 금줄 아홉 마디를 이어 만든 무령왕비의 목걸이예요. 간결하면서도 세련된 모양이 돋보여요.

백제 귀족들은 은으로 만든 다양한 관장식을 모자에 꽂았어요.

유리로 만든 어린아이 모양의 꾸미개예요.
백제 사람들은 이런 유리 동자상을 몸에 지니거나 장신구에 매달아 수호신이나 부적으로 썼어요.

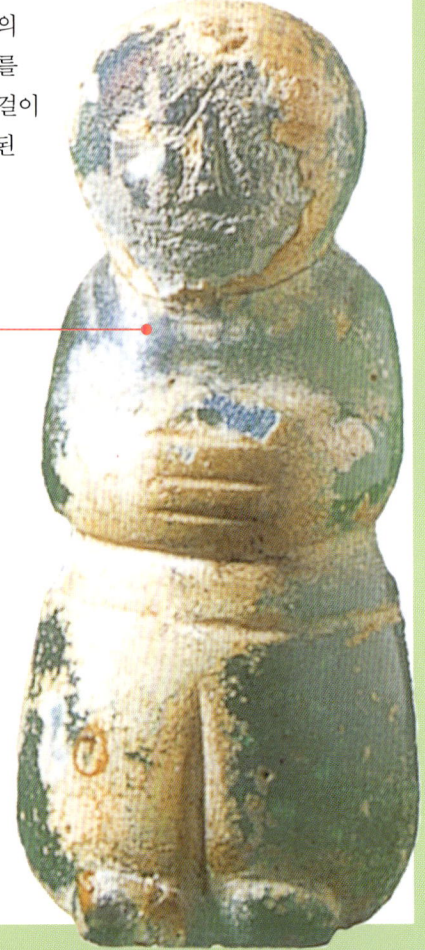

무령왕비의 귀걸이   무령왕의 귀걸이

무령왕비의 은팔찌예요.
'다리'라는 사람이 왕비를 위해 만들었다는 글이 새겨져 있어요.

무령왕의 개구리와 도깨비 모양 허리띠 장식이에요.

꽃 모양 금장식과 나뭇잎 모양 금장식이에요.

이야기 박물관에서 만난 백제

백제는 고구려, 신라와 함께 삼국 시대를 이루었던 나라예요. 기원전 18년 고구려 동명성왕(주몽)의 아들 온조가 한강 유역에서 처음 나라를 일으켰지요. 백제가 자리 잡은 한강 유역은 농사짓기에 좋았어요. 땅이 기름진 데다, 한강이 가까워 물을 대기 쉬웠거든요. 이후 백제는 철제 무기를 만들어 나라의 힘을 점점 키워 갔어요. 4세기 무렵에는 한강을 중심으로 충청도와 전라도 지역을 아우르는 큰 나라가 되었지요.

백제 사람들은 어떻게 생겼을까?

흙으로 빚은 그릇이나 기와 조각에 새겨진 인물 그림을 보면, 백제 사람들의 얼굴 생김새를 상상해 볼 수 있어요.

• 부여 관북리에서 발견된 기와 조각에는 뾰족한 모자를 쓰고 턱수염을 기른 남자들 얼굴이 새겨져 있어요. 백제 관리의 모습 같아요.

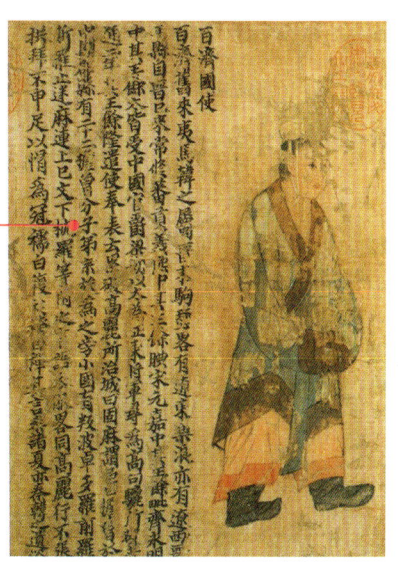

• 「양직공도」라는 두루마리 책에 그려진 백제 사신의 모습이에요. 중국 역사박물관에 있는 이 책에는 6세기경 중국 양나라를 찾은 여러 나라 사신의 모습이 그려져 있어요.

사람 얼굴 무늬 기와 조각

일본으로 건너간 백제 문화

백제는 문화와 예술이 크게 발달했어요. 나라에서도 기술을 가진 장인들에게 좋은 대접을 했지요. 또 백제는 학문이 높은 학자들과 뛰어난 기술을 가진 장인들을 일본에 보내기도 했어요.

우리나라 국보 제83호인 금동 미륵보살 반가 사유상이에요. 일본의 국보 제1호인 목조 미륵보살 반가 사유상과 모양이 매우 비슷해요.

가지가 달린 칼인 칠지도예요. 칼날에 글씨가 새겨져 있어, 4세기 후반 백제가 일본 왕에게 보낸 것임을 알 수 있어요.

보물을 간직한 무령왕의 무덤

충청남도 공주시 금성동에는 백제 무령왕의 무덤인 무령왕릉이 있어요. 벽돌을 구워 만든 이 무덤은 1,500여 년 만에 발견되어 학자들이 백제 문화를 연구하는 데 큰 도움이 되었어요. 무령왕릉에서는 왕과 왕비의 관장식, 귀걸이, 목걸이 등 백제 왕이 썼던 보물이 엄청나게 많이 쏟아져 나왔어요.

불꽃이 너울너울 타오르는 모양의 무령왕의 관장식이에요. 무령왕비의 관장식은 꽃병에서 연꽃이 피어나는 모양이에요.

무령왕의 관장식   무령왕비의 관장식

상상의 동물인 이 돌짐승은 무려 1,500여 년 동안이나 무령왕릉을 지켰어요.

점선을 따라 오려 주세요.

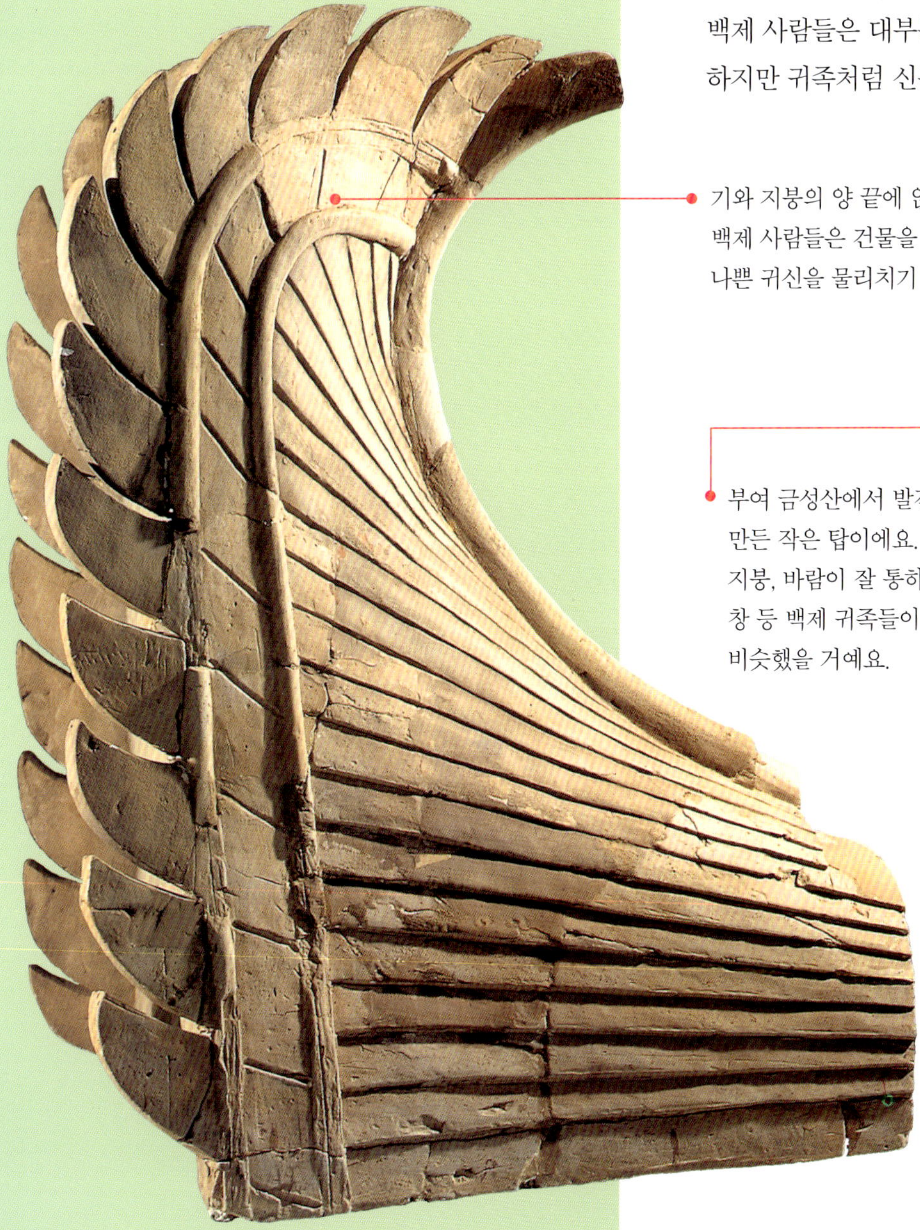

백제 사람들은 어떤 집에 살았을까?

백제 사람들은 대부분 풀로 지붕을 이은 움집이나 초가집에서 살았어요.
하지만 귀족처럼 신분이 높은 사람들은 화려하게 장식한 기와집에서 살았지요.

기와 지붕의 양 끝에 얹는 치미예요. 백제 사람들은 건물을 웅장하게 장식하고, 나쁜 귀신을 물리치기 위해 치미를 올렸어요.

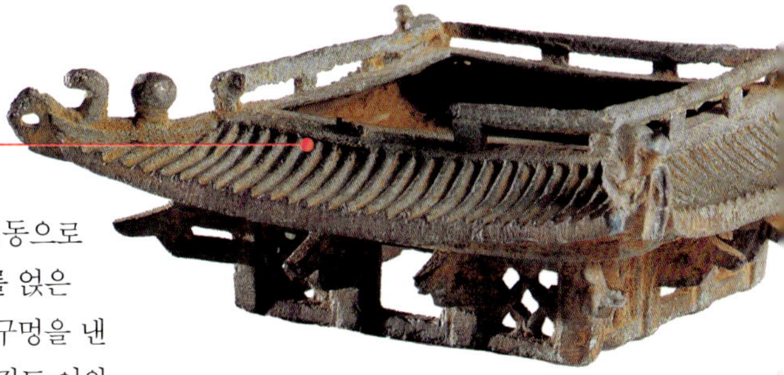

부여 금성산에서 발견된 청동으로 만든 작은 탑이에요. 기와를 얹은 지붕, 바람이 잘 통하도록 구멍을 낸 창 등 백제 귀족들이 살던 집도 이와 비슷했을 거예요.

건물의 바닥이나 벽을 장식하는 무늬 벽돌이에요. 벽돌마다 붓으로 그린 듯 섬세한 그림이 새겨져 있어 백제 사람들의 그림 솜씨와 기와 만드는 기술을 엿볼 수 있어요.

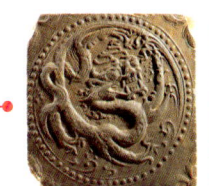

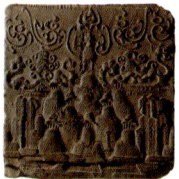

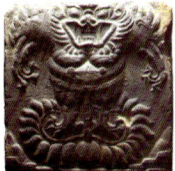

용무늬 벽돌

산경치무늬 벽돌

연꽃도깨비무늬 벽돌

백제 유물과 함께 놀아요!

• 유물에 대한 설명을 잘 읽고 알맞은 유물에 줄을 이어 보세요.

1. 백제 사람들이 모자에 꽂았던 은으로 만든 관장식이에요.   •   • A

2. 백제 귀족들이 썼던 호랑이 모양의 남자 변기예요.   •   • B

3. 나쁜 귀신을 물리치기 위해 지붕에 얹은 기와예요.   •   • C

4. 지붕 처마 끝에 놓는 기와인 연꽃무늬 수막새예요.   •   • D

5. 백제가 일본 왕에게 보낸 칼로, 가지가 달려 있어요.   •   • E

• 아래 설명에 맞는 백제 유물을 찾아보세요.

무령왕비의 목걸이, 무령왕릉을 지킨 돌짐승, 세발 토기, 산경치무늬 벽돌, 백제 사람들이 상상한 신선 세계가 표현된 향로, 등잔

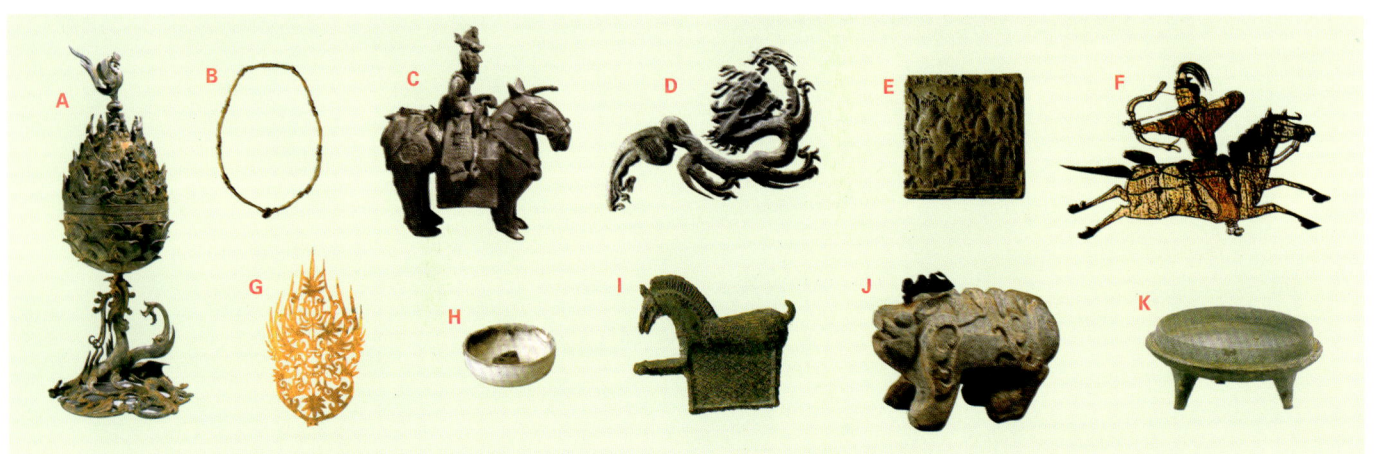

정답 | 1-B, 2-E, 3-A, 4-C, 5-D / B, J, K, E, A, H